LES HURES-GRAVES,

Trifouillis en vers... et contre les BURGRAVES;

PARODIE EN TROIS ACTES,

PAR MM. DUMANOIR, SIRAUDIN ET CLAIRVILLE.

Le Tricentenaire :	1er FOUILLIS.
Un des quatre mendians :	2e FOUILLIS.
La cave égarée :	3e FOUILLIS.
Total :	TRIFOUILLIS.

Représentée, pour la première fois, à Paris, sur le théâtre du Palais-Royal, le 21 mars 1843.

« Rien n'est beau que le vieux, le vieux seul est aimable ! »
(ACTE III.)

DISTRIBUTION DE LA PIÈCE.

VIEILLE-FRIMOUSSE, âgé de 250 ans............	MM. DORMEUIL.
JOB, âgé de 300 ans...........................	GRASSOT.
ASINUS, son fils, âgé de 107 ans..............	L'HÉRITIER.
ALTO, son petit-fils, âgé de 60 ans...........	BERGERON.
LOULOU, fils d'Alto...........................	Mlle EMILIE.
COINAVIEURA, vieille tireuse de cartes (200 ans)........	MM. LEMÉNIL.
GOBELAIR, amant de Raisina....................	ALCIDE-TOUSEZ.
RAISINA, fiancée d'Alto, amoureuse de Gobelair......	Mlle ALINE DUVAL.
CHEF DE VOLEURS	MM. BACHELARD.
PREMIER RAT...................................	DUBLEX.
DEUXIÈME RAT..................................	BARTHÉLEMY.
TROISIÈME RAT.................................	LEMEUNIER.
QUATRIÈME RAT.................................	MASSON.
VOLEURS. AMIS D'ALTO.	

La scène se passe dans une carrière, à Montmartre.

ACTE PREMIER.

Une masure au fond d'une carrière.

SCÈNE I.

COINAVIEURA, seule, regardant à gauche et faisant de grands gestes.

CHOEUR, chanté à gauche.

AIR :

Vive, vive la mèr' Camus,
Qu'a les jamb's en manch's de veste !
Vive, vive la mèr' Camus
Qu'a les mollets biscornus !

COINAVIEURA.

Par un long monologue entrons vite en matière.
Nous sommes à Montmartre, au fond d'une car-
[rière :
C'est ici qu'un vieux gueux détroussa les passans
Jusqu'à l'âge avancé de deux cent cinquante ans.
Mais trois siècles à peine ont passé sur sa nuque
Et ses enfans déjà le traitent de perruque !
Enfans dégénérés, respectez vos aïeux !
Les jeunes aujourd'hui ne valent pas les vieux.

(Regardant à gauche.)
Là, viennent s'enivrer les fils des Hures Graves ;...
(Montrant la droite.)
Ici, de ce côté, sont d'anciens rats de caves,
Qui, de cette tanière ayant pris le chemin,
Furent faits prisonniers, les sondes à la main.
Ces pauvres gabeloux, ces soldats de barrière,
Gémissent maintenant au fond d'une carrière,
Et, pour comble d'horreur, à ces infortunés,
En signe d'esclavage, on a mis... des faux nez!
(On entend du côté droit un grand bruit de vieille ferraille.)
Ici, du fer.

CHOEUR, reprise.
Vive, vive la mèr' Camus, etc.

GOINAVIEURA.
　　　Ici, des buveurs qui s'attardent :
Quand gémissent les uns, les autres se pochardent.
Rats de caves, souffrez! tyrans, buvez un coup!
Je vois tout, je sais tout ; j'entends tout, tout, tout,
Enfin, je suis partout, comme le solitaire : [tout ;
Car au fond de mon cœur je cache un grand mys-
　　　　　　　　　　　　　　　　　　　　　[tère.
Vos horribles forfaits de moi sont tous connus,
Et si je ne dis rien... je n'en pense pas plus!
A tort, vous me croyez une esclave, une chienne :
Hures-Graves, tremblez : car je suis une hyène!
Traînons un peu mon sac, pour faire de l'effet :
On sait, en le traînant, tout l'effet qu'un sac fait.
(Elle s'éloigne.)

SCÈNE II.

QUATRE RATS DE CAVE, portant des faux nez.

PREMIER RAT.
Pour nous désennuyer, racontons des histoires.
On dit que, nonobstant ses dernières victoires,
Du grand Vieille-Frimousse un bandit fut vain-
　　　　　　　　　　　　　　　　　　　[queur.
Jeté sur le *carreau*, sans lui percer le *cœur*,
Au moyen d'une *pique*, on le marqua d'un *trèfle*.

TROISIÈME RAT.　　　[trèfle.
C'était, comme au piquet, cœur, carreau, pique et

PREMIER RAT.
Le trèfle dont je parle est un trèfle important,
Qui pourra nous servir dans un acte suivant.
(J'ai pris, pour en parler, une tournure adroite.)
Le trèfle en question se trouve à sa main droite.
Mais, c'est trop m'occuper de cet homme inhu-
　　　　　　　　　　　　　　　　　　　[main :
Laissons Vieille-Frimousse et son trèfle à la main,
Et passons maintenant à la seconde histoire.

DEUXIÈME RAT.
Celle de la sorcière est difficile à croire:
On dit que ce démon, sorti de son enfer,
Vint en ces lieux avec un nommé Gobelair,
Et pour, de prime abord, triompher des obstacles,
La sorcière a, dit-on, fait deux ou trois miracles.
Alto, le fils de Job, par elle fut guéri.

TROISIÈME RAT.
Quel était donc son mal ?

PREMIER RAT.
　　　　　　Un affreux panari.
Mais il n'a pas seul droit à sa reconnaissance :
Elle a guéri de plus deux lépreux de naissance,
Deux hommes mal vêtus, mal famés, mal appris,
Qu'avec une pincette on n'eût pas même pris.
Ils règlent maintenant leur marche sur la sienne,
Et l'on dirait deux chiens qui suivent une chienne.
Dans le vieux cimetière ils agitent sans bruit
Quelques planches, de jour, un grand vase, de nuit.
L'histoire finit là : passons à la troisième.

DEUXIÈME RAT.
Parlons de Raisiua, de sa tendresse extrême
Pour l'étranger qu'ici la sorcière amena.
On dit qu'un médecin déjà la condamna,
Et qu'au lieu de guérir Alto, ce monstre infâme,
La sorcière eût mieux fait de guérir cette femme.

QUATRIÈME RAT.
Parler ainsi d'Alto! redoute son courroux.

DEUXIÈME RAT.
Nos maîtres sont en train de se pocharder tous.

PREMIER RAT.
Mais Job, le vieux des vieux ?

DEUXIÈME RAT.
　　　　　　　　C'est une vieille bête,
Dont les yeux sont éteints, dont la langue est
　　　　　　　　　　　　　　　　　　[muette,
Qui ne marche jamais que pour aller le soir,
Par un couloir étroit, dans un endroit tout noir.

PREMIER RAT, gravement.
Personne en cet endroit ne sait ce qu'il va faire,
Mais il prend des papiers.

TROISIÈME RAT.
　　　　　　Cela sent le mystère !

DEUXIÈME RAT.
On dit, ce qui serait très fort à mon avis,
Qu'à deux cent quarante ans il eut un dernier fils,
Qui lui fut enlevé par une Bohémienne.
Mon histoire est finie.

PREMIER RAT.
　　　　　　A présent, à la mienne !
Un jour, qu'un inconnu se promenait pensif
Dans un champ de navets, ayant levé le pif,
Il vit que des corbeaux lui servaient de couronne.
A cet aspect lugubre, il se trouble, il frissonne,
Et dans un grand fossé disparaît le gaillard.
Au fond de ce fossé sommeillait un vieillard :
L'aspect de l'inconnu le glaça d'épouvante.
Il ronflait sur sa barbe, une barbe effrayante,
Une barbe de Turc, qui tombait à grands flots,
Comme en portait jadis maître Chodruc-Duclos,
Barbe à faire la barbe aux barbes espagnoles,
Et qui faisait sept fois le tour des Batignolles !
« Mes corbeaux, cria-t-il, m'abandonnent ainsi ! »
« Non, lui dit l'étranger, ils volent près d'ici. »

ACTE 1, SCENE IV.

A ces mots, le vieillard ne se sent pas de joie,
Il ouvre un large bec...
TROISIÈME RAT.
C'est bête comme une oie.
QUATRIÈME RAT.
Quel était ce vieillard?
PREMIER RAT.
Frémissez, à son nom!
C'était...
TROISIÈME RAT.
Parleras-tu?
PREMIÈRE RAT.
Vieille-Frimousse!
DEUXIÈME RAT.
Eh! non!
Voilà plus de vingt ans qu'en allant à Surène,
Vieille-Frimousse un jour s'est noyé dans la Seine.
QUATRIÈME RAT.
Mais l'oracle avait dit: Deux fois ce pauvre enfant,
Vivant, sera cru mort, et mort, sera vivant.
TROISIÈME RAT.
Comme c'est embrouillé! je n'y puis rien com-
PREMIER RAT. [prendre.
C'est pourtant fort aisé: né d'un père assez tendre,
Vieille-Frimousse avait eu pour frère un bâtard,
Un voleur, un brigand; et, voyez le hasard!
Sans se donner le mot, tous deux, ce qui m'étonne,
Devinrent amoureux de la même personne.
Si bien qu'un certain jour (il faisait nuit alors),
Dans un chemin désert on vit deux hommes morts:
C'était Vieille-Frimousse et son valet intime.
Le bâtard avait cuit l'héritier légitime;
Qui, se voyant bien mort, mais existant toujours,
Voulut aller se plaindre à l'auteur de ses jours.
Il pouvait à l'instant lui demander vengeance...
Mais il remit la chose à cent ans de distance;
Et, pendant ce temps-là, le bâtard si brutal,
Cet homme sanguinaire et trop sentimental,
N'ayant pas su fléchir l'amante de son frère,
La vendit pour trois sous, le prix d'un petit verre!
TROISIÈME RAT.
On prétend qu'en ces lieux tout cela s'est passé.
QUATRIÈME RAT.
Enfin, Vieille-Frimousse est-il bien trépassé?
PREMIER RAT.
Il trépassa deux fois, et deux fois, par miracle,
Il a ressuscité, comme avait dit l'oracle.
TROISIÈME RAT.
Mais son amante, alors, que ne la vengeait-il?
DEUXIÈME RAT.
Pour en venir à bout, il s'est fait alguazil...
(J'allais dire gendarme,) il a voulu combattre,
Il s'est, vingt ans, conduit comme un vrai diable
Il a tout visité, tout brûlé, tout roussi, [à quatre;
Il est allé partout, mais sans venir ici.
PREMIER RAT.
Pourquoi?
DEUXIÈME RAT.
Parce qu'ici se trouvait sa maîtresse,
Et que, s'il fût venu, nous n'avions plus de pièce.

SCÈNE III.

LES MÊMES, UN CHEF DE LA BANDE, leur donnant des coups de fouet.

LE CHEF.
Filez, dépêchez-vous.
PREMIER RAT, bas.
Sans doute il a compté,
Pour nous battre à lui seul, sur notre lâcheté.
LE CHEF.
Je suis seul, tu l'as dit, mais votre obéissance...
TROISIÈME RAT.
Cela pourrait passer pour une invraisemblance.
(Ils s'éloignent tous.)

SCÈNE IV.

RAISINA, GOBELAIR.

RAISINA, appuyée languissamment sur Gobelair, qui la fait asseoir à gauche.
Hélas! j'ai froid, j'ai froid, j'ai froid, j'ai froid, j'ai
GOBELAIR. [froid!
Que me dis-tu? Jeffroy! Ma belle, ce Jeffroy
Du Théâtre-Français est un sociétaire,
Et tu sais que je suis jaloux par caractère.
RAISINA.
J'ai froid, j'ai le frisson.
GOBELAIR.
Que ne le disais-tu?
Tu me faisais trembler déjà pour ta vertu.
RAISINA.
Par exemple! à ce point peux-tu me méconnaître?
Gobelair, mon bichon, ouvre cette fenêtre:
A ce vieux ramoneur jette ce monaco...
(Regardant au dehors et respirant.)
On trouve le soleil un astre rococo, [rondelles
Et pourtant qu'il est beau!... vois donc ces hi-
Voler dans tous les sens, voler à tire-d'ailes.
Elles vont nous quitter et s'en aller bien loin. [foin,
Vois ces fleurs, vois ces fruits, vois ce blé, vois ce
Vois la feuille qui tombe, annonçant d'autres
[feuilles
Que garde la nature en ses grands portefeuilles.
Hélas! mon Gobelair, l'hirondelle, au printemps,
Reviendra saluer tous ces champs de ses chants;
Le soleil, répandant ses bienfaits et ses joies,
Fera braire l'ânon, fera chanter les oies;
Les feuilles renaîtront, sortant de leur cercueil...
Mais moi, mon Gobelair, j'aurai tourné de l'œil!
GOBELAIR.
Ne parle pas ainsi, c'est un néologisme;
Et te laisser mourir serait de l'égoïsme.
Laisse-moi te chérir, moi pauvre enfant trouvé,
De nom et de prénoms totalement privé.

RAISINA.
Sans le vieux Job, aussi, j'en aurais vu de belles :
Car je suis sans papa, sans maman...
GOBELAIR.
Sans chandelles,
Oh ! je veux te guérir du coup qui te frappa :
Pour toi je prétends être une mère, un papa,
Un oncle, un bisaïeul, un cousin, une tante !
RAISINA.
Mais Alto veut aussi que je sois son amante.
GOBELAIR.
Il aime ouvertement, quand j'aime incognito !...
Tant qu'Alto t'aimera, je serai contre Alto !
RAISINA.
Mais ce n'est pas d'Alto qu'il faut qu'on me délivre.
GOBELAIR.
De qui donc ?
RAISINA.
De la mort !... Gobelair, je veux vivre.
Vivre joyeusement, dans les bals, les repas !
Eh quoi ! tu fais le sourd ! tu ne m'aimes donc pas ?
GOBELAIR.
Ah ! dis au va-nu-pieds qu'il n'aime pas les bottes,
Au pochard endurci qu'il a peur des ribottes,
Au petit ramoneur qu'il n'aime pas un sou,
Au chien qu'il craint les os, au chat qu'il craint le
[mou !
Dis encore au Gascon qu'il n'aime pas les craques,
A l'auteur, à l'acteur, qu'ils n'aiment pas les cla-
[ques,
Au Théâtre-Français qu'il n'aime pas le Goth,
Au *Journal des Débats* qu'il n'aime pas l'argot !..
Mais cesse de douter de mon amour extrême !
RAISINA.
On vient !... partons.
GOBELAIR.
Pourquoi ?
RAISINA.
Je n'en sais rien moi-même.
(Sortant, puis revenant tout à coup, et avec explosion.)
Ah ! mourir à vingt ans, c'est horrible, odieux !
Avoir toutes ses dents, un cœur chaud, de bons yeux,
Et partir, en voyant à travers un nuage
Les galops effrénés qu'on danse à l'Ermitage !...
Guéris-moi ! sois ici mon amant, mon soutien,
Mon docteur, mon droguiste et mon pharmacien !
(Elle sort dans le plus grand désordre.)

○○○○○○○○○○○○○○○○○○○○○○○○○○○○○○○○○○○○○○

SCÈNE V.

GOBELAIR, ensuite COINAVIEURA.

GOBELAIR.
Elle me plante là, comme mars en carême !
Hélas ! comment sauver cette amante que j'aime ?
Cherchons quelque moyen pour me tirer de là.
Si je m'adressais à — maman Coinavieura ?...
Je pense peu de bien de cette douairière ;
Mais elle a des talens et passe pour sorcière.
(Coinavieura paraît.)
O ma Coinavieura !... viens ! j'ai besoin de toi !
COINAVIEURA.
De moi ?
GOBELAIR.
De toi.
COINAVIEURA.
Toi ?
GOBELAIR.
Moi.
COINAVIEURA.
De moi ?
GOBELAIR.
De toi.
COINAVIEURA.
Pourquoi ?
Tu vas me demander d'où vient que je m'enchaîne,
Quand, libre, je pourrais courir la prétentaine ?
Tu vas me demander si jadis tu naquis
A Sceaux, St-Cyr, St-Ouen, St-Cloud ou St-Denis ?
Si tu fus transporté dans cet infâme bouge,
Des plaines de Meudon ou des champs de Mont-
Tu vas me demander de ton père le nom ? [rouge ?
GOBELAIR.
Je me fiche pas mal d'avoir un père ou non !
Je viens te demander un simple cataplasme,
Pour sauver Raisina qui se meurt de marasme.
Sauve ma Raisina, si tu peux la sauver !
COINAVIEURA.
Et les désagrémens que je puis éprouver ?
Si je me décidais à droguer cette belle,
Sais-tu ce qui m'attend ?... la correctionnelle !
Car je n'exerce pas de par la faculté,
Et je ne suis pas même officier de santé.
Je n'ai pas, pour guérir, appris la botanique.
GOBELAIR.
Serait-ce, par hasard, pour donner la colique ?
COINAVIEURA.
Peut-être.
GOBELAIR.
Ah ! bah !
COINAVIEURA.
Je ris, lorsque tu viens à moi !
Si je te disais, moi, que j'ai besoin de toi !
GOBELAIR.
Alors je vous dirais : Tout à votre service,
Comme aux éternueurs on dit : Dieu vous bénisse !
COINAVIEURA.
Eh bien ! écoute-moi.
(Lui posant la main sur le cœur.)
Que sentirais-tu là,
Si, quand tu fais l'amour avec ta Raisina,
Alto te repassait quelque coup de savate,
Jusques à l'étrangler te serrait la cravate,
Et puis, sournoisement, te jetait sur le sol,
D'un huitième au dessus d'un énorme entresol ?...
Que sentirais-tu là, si ta blanche maîtresse
Était par lui vendue ainsi qu'une négresse ?...

GOBELAIR.
Je ne sentirais rien, rien du tout.
COINANIEURA.
Triple sort !
GOBELAIR.
Et la bonne raison, c'est que je serais mort.
COINAVIEURA.
Mais si le ciel daignait au trépas te soustraire ?
GOBELAIR.
Alors, je m'en irais me plaindre au commissaire.
COINAVIEURA.
Eh bien ! c'est mon histoire : on tua mon objet,
Un homme qui m'aimait à mort, qui me battait ;
Puis, par son assassin un jour je fus vendue,
Ainsi qu'une escarole, ainsi qu'une laitue,
Ainsi qu'un vieux chiffon qu'on détache du clou !
J'ai passé, repassé dans cent mains, comme un sou !
On me fit débardeuse, et d'un train de rivière
J'ai conservé la corde au lieu de jarretière.
Enfin, je n'ai vécu que de mon désespoir,
De noix, de haricots, de choux, de radis noir !
GOBELAIR.
Que d'indigestions !
COINAVIEURA.
C'est vrai, j'en eus plus d'une,
Et mon vieil estomac en a gardé rancune.
(Tirant un eustache de son cabas.)
Cet eustache, vois-tu ? du matin jusqu'au soir,
Depuis cent ans, ma main l'aiguise...
GOBELAIR.
Quel rasoir !
COINAVIEURA.
Ce n'est pas tout encor. Tiens, vois cette chemise :
Voilà quatre-vingts ans que blanche je l'ai mise !
Eh bien ! j'ai fait serment de ne point en changer,
Avant que sonne l'heure où je dois me venger !
GOBELAIR.
Je plains le blanchisseur !
COINAVIEURA.
Ce mot n'est pas de mise :
Mon cœur est bien plus noir encor que ma chemise !
Et tu me dis à moi : Patati, patata,
Maman Coinavieura, sauvez ma Raisina !
Comme s'il s'agissait de sauver un caniche,
Qui sur mon paillasson n'aurait pas fait de niche !
Mais si nous en venions à cet affreux marché,
Tu le paîrais, mon cher, bien plus cher qu'au
GOBELAIR.   [marché !
Hélas ! pour lui donner le plus petit remède,
Je n'ai pas un sou, mais prends ce que je possède.
COINAVIEURA.
Tu me tentes, gredin ! tu me tentes, grigou !
GOBELAIR.
Je croyais avoir dit que je n'ai pas le sou.
COINAVIEURA.
Tu me tentes ! va-t-en !
GOBELAIR.
J'ai tout mis chez ma tante ;

Cette position n'est pourtant pas tentante.
Mais c'est égal, prends tout, femme Coinavieura :
Puisque je n'ai plus rien, rien ne me coûtera.
COINAVIEURA.   [comme,
J'ai besoin de ton bras... Réponds-moi, sais-tu
Sans le faire crier, on peut tuer un homme ?
GOBELAIR.
Peut-être en l'étouffant ; mais un assassinat !...
COINAVIEURA.
Quand on a tant d'amour, est-on si délicat !
GOBELAIR.
Ah ! j'ai la fièvre tierce, et la quarte et la quinte !
COINAVIEURA, tirant de son cabas une bouteille
énorme.
Vois ce petit flacon d'extrait de coloquinte...
Si de ta Raisina j'obtiens la guérison,
Que me réserves-tu ?
GOBELAIR.
Compte sur mon bâton.
COINAVIEURA.
Tu le jures ?
GOBELAIR.
Très bien !
COINAVIEURA.
Demain, si tu me leurres,
A ta belle je fais prendre un bouillon d'onze heures.
A demain !
GOBELAIR.
A demain !
COINAVIEURA.
Demain !
GOBELAIR.
De grand matin !
(Il sort.)
COINAVIEURA, à part.
Le fils de l'assassin sera son assassin !
Après deux cent cinq ans je prendrai ma revanche,
Et je vais pouvoir mettre une chemise blanche !
(Elle s'éloigne.)

SCÈNE VI.

ALTO, LOULOU, AMIS, couronnés de roses et tenant des bouteilles, des verres, etc.

ALTO.
AIR des Burgraves.

J'ai mangé toute une bourriche,
Et je sens là mille démons !
Aimons, j' m'en fiche !
J' m'en fiche, aimons !

TOUS.

Aimons, j' m'en fiche !
J' m'en fiche, aimons !

ALTO.

On nous donna pour de la biche
Du vrai chameau, nous l'affirmons.
Aimons, j'm'en fiche!
J'm'en fiche, aimons!

TOUS.

Aimons, j'm'en fiche, etc.

UN AMI. [planches,
En ces lieux, tout est vieux : là-bas, entre deux
J'ai vu trois rats ayant de longues barbes blanches.
Les meubles et les murs ont un goût de moisi.
Ici, tout est cassé...

ALTO.

Les habitans aussi :
Car de mes vieux parens c'est la vieille demeure.
Un gros marchand de bœufs doit passer tout à
[l'heure :
Il faut aller l'attendre à quelques pas d'ici.

L'AMI.

A l'expédition vous joindrez-vous aussi ?
Viendrez-vous avec nous ?

ALTO.

Ma foi, non, pas si bête !
Autrefois mes aïeux marchaient à votre tête ;
Mais sur nos grands chemins nos modernes voleurs
Ont, pour les remplacer, des commis-voyageurs.

L'AMI.

Ton vin est bon, Alto.

ALTO.

Cré croquin ! je m'en flatte.
Clapot, marchand de vin, qui me craint et me gratte,
En fabrique pour moi six litres tous les jours.
C'est du vin de Bordeaux.

L'AMI.

Fait à Paris ?

ALTO.

Toujours.

L'AMI.

Il n'en est que meilleur.

ALTO.

A propos, ta future ?
L'épouses-tu bientôt ?

L'AMI.

Moi ? jamais, je le jure :
Son cœur et ses attraits ne sont que des débris.

ALTO.

Mais, tes sermens ?

L'AMI.

Ah ! bah ! je m'en fiche et m'en ris.

SCÈNE VII.

LES MÊMES, JOB, ASINUS, GOBELAIR, COINAVIEURA.

(Pendant les derniers mots, une porte à droite s'est ouverte et a laissé voir Job, et près de lui Asinus et Gobelair. On voit par momens la tête de Coinavieura sortir d'un trou, au fond, à droite.)

ASINUS, d'une voix tonnante.

Autrefois, on croyait ce que disaient nos bouches !
Nos paroles d'honneur ne paraissaient pas louches,
Et nos anciens sermens, comme nos vieux habits,
Duraient à tout jamais !.. Oui, le même mépris
Eût couvert le tailleur livrant une culotte
Faite de mauvais drap, de pure camelotte,
Et les Judas qui, pour renier leurs sermens,
Eussent levé la main à l'instar des Normands.
Aussi, sermens, habits, chez nous duraient sans
Jamais une reprise, un accroc, une pièce, [cesse.
Et l'on n'entendait pas crier à tous momens :
Marchand de vieux habits, marchand de vieux ser-
[mens !
Vos sermens aujourd'hui sont comme vos bretelles,
Qu'on fait en caoutchouc, en lisière, en ficelles !
Vos modernes sermens !.. ils durent juste autant
Qu'un gant à vingt-neuf sous qu'on crève en le
ALTO. [mettant !
Vous parlez comme au temps de feu Vieille-Fri-
ASINUS. [mousse.
Tu dis : Vieille-Frimousse ! Attendez, que je tousse...
Car, lorsqu'on dit ce nom, ça me met à l'envers,
Et, quitte à m'étrangler, je débite cent vers.
Ah ! lorsqu'il nous lançait son gant sur la figure,
Avec sa main dedans... quelle déconfiture !
Qu'il faisait beau le voir de sa botte frappant
Tout ce que les vaincus montraient en décampant !
Mon père lui brûla la main par une fraude !
Vieille-Frimousse alors n'aima plus la main-chaude.

LOULOU.

Que vous avait-il fait, ce fameux compagnon,
Dont aucun, sans trembler, n'ose dire le nom ?

ASINUS.

Ce qu'il nous avait fait ! c'est toi qui le demandes !
Il nous avait trahis, quoiqu'il fût de nos bandes !
Il avait renversé cette grande forêt
De voleurs, de bandits, que chacun admirait !
Tout le bois est tombé, dans la cave on nous huche,
Et de tout le chantier il n'est plus qu'une bûche !..
(S'inclinant.)
Cette bûche, c'est vous, mon père tout puissant.

JOB.

Une bûche, mon fils !.. vous êtes un manant.

ASINUS.

Voilà ce qu'il a fait ?

LOULOU, allant à la fenêtre.

Sa vieille voix m'embête.

ACTE II, SCÈNE I.

Ah ! papa, viens donc voir ! Ah ! c'te balle ! ah ! c'te
C'est un vieux qui demande à pénétrer ici ! [tête !

ALTO, prenant un vase.

Sur la tête à l'instant qu'on lui jette ceci.

ASINUS, le lui arrachant des mains.

De nos vieillards toujours j'ai défendu la cause,
Je n'ai jamais versé sur eux semblable chose !
Quand ils venaient me voir, je leur disais : bonjour,
Et j'allais avec eux, ou faire un petit tour,
Ou bien je leur offrais un verre de Surène...
Que je faisais payer.

JOB.

Qu'on se taise, mordienne !
Après un long silence, à mon tour, mes enfans,
J'éprouve le besoin de parler très long-temps.
Autrefois, ventrebleu ! quand on faisait la fête
Autour d'un bœuf entier, rôti, sur une assiette,
Cornes, pattes et tout...

ALTO, bas.

Quel tourne-broche, ô ciel !

JOB.

Si d'un vieux résonnait le talon solennel,
On allait le chercher en sonnant des fanfares ;
Chacun lui présentait un canon, deux cigares ;
Et le vieux, en partant, reprenait son chemin
Le gousset plein de liards et le cœur plein de vin.
Mais vous, vous n'avez pas l'amour des antiquailles,
Vos reliques ne sont que des vieilles futailles !
Vous êtes des gredins, des pochards, des gloutons !...
Que l'on fasse à l'instant sonner cent mirlitons !
(Les mirlitons exécutent une marche. Vieille-Fri-
  mousse paraît au fond.)

oooooooooooooooooooooooooooooooooooooooooooo

SCÈNE VIII.

LES MÊMES, VIEILLE-FRIMOUSSE.

JOB, aux mirlitons, quand la marche est entièrement
finie.
(A Vieille-Frimousse.)

Assez !... Vous a-t-on dit que dans cette carrière
Un vieux brigand finit la sienne... de carrière,
Et que, depuis cent ans, avec honnêteté,
Il vole les passans, malgré l'autorité ?
Vous a-t-on dit aussi que cet homme intraitable
Est bon dans son chez soi, tout-à-fait charitable ?
Le savez-vous ?

VIEILLE-FRIMOUSSE, d'une voix caverneuse.

Mais z'·ui.

JOB.

Entrez ! Mes vieux fourneaux,
Ma vieille cuisinière, avec mes vieux couteaux,
Tout est à vous, ici... Voilà mon fils, puis l'autre,
Et le fils de mon fils, l'autre à côté de l'autre
Est le fils de ce fils, l'autre à côté de l'autre...

ASINUS, l'arrêtant.

Assez, papa.

JOB.

Leur bras est moins long que le nôtre.
A votre tour.

(La tête de Coinavieura paraît.)

VIEILLE-FRIMOUSSE, toujours au fond.

Salut... jeunes forts, vieux perclus,
Vous qui portez cheveux, vous qui n'en portez plus,
Si vos cœurs sont sereins, qu'on gambade et qu'on
                                              [rie ;
Mais, si vos cœurs sont noirs, qu'on se lave et
                                        [qu'on prie.

JOB.

Une telle *maxime* est peu neuve, entre nous.

VIEILLE-FRIMOUSSE.

Et de quelle *maxime* ici me parlez-vous ?
Du Théâtre-Français la *Maxime* est dolente.

ASINUS.

Pourtant elle était neuve...

JOB.

Et surtout consolante.

VIEILLE-FRIMOUSSE.

Vous tous, faites silence, et qu'on m'écoute ici ;
Car je viens tout exprès pour vous dire ceci :

(Le rideau baisse.)

ACTE DEUXIÈME.

Même décoration.

SCÈNE I.

VIEILLE-FRIMOUSSE, seul.

O Montmartre ! ô Montmartre ! ô ma vieille carrière,
Vous n'êtes maintenant qu'une pauvre tanière !
Après un long exil, après avoir été
Passer mon temps de bagne à perpétuité,
Avec vingt ans de plus pour la bonne mesure,
Je te revois, Montmartre et tu n'es que masure
Et décembre !... O misère ! abaissement profond !
Un poète l'a dit : Les vrais voleurs s'en vont !
Montmartre était pour nous comme une citadelle,
(Je ne sais quel assaut jadis on cita d'elle)...

De Montmartre d'abord, ce mont dont j'étais roi,
Du haut, on peut y voir un âne en bas de soi.
Quel bon endroit perdu! quel excellent repaire
Nous avions là jadis, du temps de mon vieux père!
Montmartre est fricassé! Montmartre est démembré,
Les ingenieurs civils l'ont bien défiguré!
Tiré des quatre coins comme une peau de martre,
Je vois, avec douleur, écarteler Montmartre!
Oui, Montmartre est sapé dans ses fondations!
Tout ça pour bâtir les — fortifications!
(Il sort.)

SCÈNE II.

GOBELAIR, entrant par la gauche, RAISINA, par la droite, en sautant à la corde.

GOBELAIR.

Raisina!

RAISINA.

Gobelair!

GOBELAIR.

Je te revois! c'est toi!
Comment vous sentez-vous?

RAISINA.

Je me sens bien, ma foi!

GOBELAIR.

Avez-vous avalé l'extrait de coloquinte
De la Coinavieura?

RAISINA.

J'en ai pris une pinte.
Mais, entre nous, je crois, c'est de l'eau de Sedlitz;
Cela m'a fait courir jusqu'au pont d'Austerlitz!
D'où je viens. Ce matin, j'ai fait plus d'une lieue,
J'ai pris des boulevarts le long ruban de queue,
Puis, je suis revenue en toute hâte ici
Pour te dire : Je t'aime!

GOBELAIR.

Ah! Raisina, merci!

RAISINA.

Ah! que j'ai de plaisir à voir les hirondelles...

GOBELAIR.

Voltiger et courir, s'enfuir à tire-d'ailes!
Connu.

RAISINA.

L'air est plus pur, l'astre plus éclatant,
Les cieux plus étoilés (quand il fait nuit, s'entend).
Ce matin, sur les quais, idée originale!
J'ai suivi les tambours de la nationale,
Deuxième compagnie, onzième légion ;
C'étaient des voltigeurs, troisième bataillon.
D'un beau tambour-major les formes élancées
Ont fait venir en moi d'agréables pensées.

GOBELAIR.

Ah! fi! fi!

RAISINA.

Je les ai suivis jusques au pont ;
Car tu sais le penchant que j'ai pour le pompon.
Je te l'ai toujours dit, moi, qui hais les mystères,
Je porte dans mon cœur messieurs les militaires ;
Et, depuis que ma vie a repris son essor,
Je trouve tout joli, jusqu'au tambour-major!

GOBELAIR.

Naïve enfant!

RAISINA.

Mon cher, il faut que je te quitte :
Du vieux Job entends-tu la voix?

GOBELAIR.

C'est sa pituite.

RAISINA.

N'importe, il ne faut pas le laisser tousser seul :
Un enrhumé vieillard a besoin de tilleul.
Adieu, mille baisers!

GOBELAIR.

Adieu, chère petite!
(Elle sort.)

SCÈNE III.

GOBELAIR.

Vieille Coinavieura, vous me l'avez *guérite!*
Le moment est venu de me mettre à genoux :
C'est vieux, c'est Pompadour, mais bah! prosternons-
[nous.
Célébrons à poings joints la guérison complète
De l'objet adoré.

SCÈNE IV.

GOBELAIR, COINAVIEURA.

(Elle lui donne un coup de poing sur l'épaule.)

GOBELAIR.

Sapristi! que c'est bête!

COINAVIEURA.

Eh bien! es-tu content?

GOBELAIR.

De ton coup de poing? non.

COINAVIEURA.

Je parle de l'effet de mon remède.

GOBELAIR.

Ah! bon!

COINAVIEURA.

Ce remède était sûr : je l'ai trouvé dans l'Inde.
Telle que tu me vois, mon ami, je suis d'Inde.
J'ai long-temps parcouru le monde... j'ai long-
Pour donner la colique à tous ses habitans, |temps,
De remèdes secrets rempli mes catalogues ;
Partout j'ai rencontré des simples et des drogues.
Mais tu sais que, pour prix de mon médicament,
J'ai reçu de ta bouche un horrible serment. [terre :
Viens, viens dans une cave à trois cents pieds sous

C'est là qu'au clair de lune un grand coup doit se
GOBELAIR. [faire.
La lune à trois cents pieds sous terre!.. c'est mentir.
COINAVIEURA.
La lune est une esclave et ne doit qu'obéir.
Dans cette cave enfin se trouve un vieux bonhomme!
C'est un vieux Fiasco que je veux qu'on assomme.
J'ai juré son trépas par l'enfer déchaîné,
Par Satan, par ces murs, par mes yeux, par ton nez !
Je l'ai juré dessus ma vieille jarretière !
GOBELAIR.
Veux-tu me la montrer ?
COINAVIEURA.
Grand polisson ! arrière !
Je l'ai juré, te dis-je, et je me vengerai.
GOBELAIR.
Quel est ce Fiasco ?
COINAVIEURA.
Je ne te le dirai
Que lorsque nous aurons accompli notre pacte.
GOBELAIR.
Pourquoi donc ce secret ?
COINAVIEURA, en s'en allant.
C'est pour le dernier acte.

SCÈNE V.

GOBELAIR, puis JOB et RAISINA.

GOBELAIR.
Comme c'est romantique et chouettard !... oui, ça
De plus fort en plus fort, comme chez Nicolet. [l'est.
JOB, à Raisina.
Qui te rendit ainsi la santé ?... J'imagine
Que c'est un médecin.
GOBELAIR.
C'est une médecine ;
Une esclave, seigneur.
JOB.
Une esclave ?... Est-ce trop
De lui donner dix sous pour prix de son sirop ?...
Ah ! que j'ai le cœur gai ! que je suis à mon aise !
Quand vous êtes tous deux près de ma vieille chaise,
Mes enfans, je crois voir, en levant l'occiput,
Deux roses s'inclinant sur un vieux gratte...
GOBELAIR.
Chut !
(A part.)
Lui, fier au premier acte et grand comme Alexandre,
Il parle maintenant comme un père Cassandre.
JOB.
Enfans... depuis long-temps je me suis aperçu...
GOBELAIR.
Est-ce de l'agrément qu'on a d'être bossu ?
JOB.
Non, mais de votre amour... J'aime les gaillardises :

Faites, sans vous gêner, devant moi des bêtises ;
Aimez-vous, mes enfans, déployez vos ardeurs,
Cancannez devant moi comme des débardeurs.
Vous n'offenserez pas ma vertu pudibonde ;
Car toujours barbe grise aima perruque blonde.
Ne craignez pas Alto, car ce n'est qu'un melon ;
Qu'Alto dise un seul mot, je le mets au violon.
Aimez-vous, mes enfans, mais d'un amour extrême :
Toujours, pour recueillir, ne faut-il pas qu'on s'aime,
Pour vivre et pour revivre, exempts de tous chagrins?
Ayez beaucoup d'enfans et pas mal de lapins.
Si le ciel, quelque jour, vous donnait un mioche,
Ne le laissez jamais jouer à la pigoche
Dans la rue... Autrefois, l'amour, qui me happa,
Me fit cadeau d'un fils qui me nomma papa.
Ce fils aurait ton âge...
RAISINA.
Eh ! mais, quel âge encore ?
GOBELAIR.
Il était âgé de ?...
JOB.
Son âge, je l'ignore :
Mais, quel môme c'était ! toujours il me surprit :
Même avant d'être au monde il avait de l'esprit.
Il aimait beaucoup plus les livres que les crêmes ;
Il n'avait pas un an, il faisait des poèmes.
(A Gobelair.)
Ah ! de ce dernier né, ton nez est tout le nez !
GOBELAIR.
Vous nous parlez du nez.
JOB.
Quand vous m'environnez,
A faire encor joujou j'ai presque une tendance :
Lorsque l'on est très vieux, on retombe en enfance.
J'ai là comme un soleil...
GOBELAIR.
Un soleil dans le cœur ?
JOB.
Non, c'est, je crois, plutôt un verre de liqueur.
J'ai fait tambouriner mon fils dans les banlieues,
Je l'ai fait afficher, comme un chien, à trois lieues ;
J'ai rempli l'univers de son signalement ;
Mais il a disparu... Je fuis également.
(Revenant.)
Adieu... Vous pourriez bien me suivre, ce me
[semble ;
D'autant plus que je dois vous marier ensemble.
Oui, mais il faut qu'avant de marcher à l'autel,
Gobelair reste ici pour la scène du duel.
Je m'en vais donc tout seul, de mes maux, c'est le
[moindre ;
Quand vous aurez fini, vous viendrez me rejoindre.
(Il sort.)
(Pendant cette scène, Coinavieura va et vient, et indique par gestes qu'elle va prévenir Alto.)

SCÈNE VI.

RAISINA, GOBELAIR.

RAISINA.

En y réfléchissant, si je sortais aussi ?
Je crois que ma présence est inutile ici.

GOBELAIR.

Non, restez près de moi, parlons de notre noce,
Où nous nous donnerons une fameuse bosse.

(Ils vont pour sortir.)

SCÈNE VII.

LES MÊMES : ALTO.

ALTO, les arrêtant.

Ah! ah! j'arrive à temps!... Halte-là, s'il vous plaît!
Qu'on se mette deux cents, pour le prendre au [collet.

GOBELAIR.

Ventre-saint-gris! godem! nom d'un petit bon- [homme!
A la fin, c'en est trop! il faut que je t'assomme!
Je te défie à pied, à cheval, en champ clos,
Nez contre nez!... surtout ne tourne pas le dos!
Allons, dépêche-toi de dégainer ta lame :
Puisqu'on te nomme Alto, je veux t'arracher l'âme!
Et pour te décider à marcher sur mes pas,
Je te jette mon gant!... Ah! tiens! je n'en ai pas.

ALTO.

Je t'ai laissé parler ; c'est de la complaisance :
Car enfin ma réponse était prête d'avance.
Pour m'oser provoquer, qui donc es-tu ? voyons :
Un drôle, un galopin, qui cache ses haillons,
Et sans nom de famille et sans nom de baptême.
Comment t'appelles-tu ?... tu l'ignores toi-même!
Eh bien! moi, je le sais... et ton nom, le voici :
Crac-cric-croc-frac-fric-froc-bloc-roc apoplexi!

GOBELAIR.

Ose le répéter!

ALTO.

Tu vois bien que tu *cagnes!*
Si je redis ton nom, c'est du temps que tu gagnes.
Mais je ne me bats point : du pied, avec fierté,
Je repousse le gant... que tu n'as pas jeté.

GOBELAIR.

Tu refuses, couard!

ALTO, mettant ses dix doigts au bout de son nez.

Je te fais ça, regarde.
Mais que quelqu'un ici pour toi se mette en garde..

SCÈNE VIII.

LES MÊMES, VIEILLE-FRIMOUSSE, se montrant tout à coup, puis ASINUS.

VIEILLE-FRIMOUSSE.

J'ai deux cent cinquante ans, quatre mois, dix-sept [jours,
Mais je te tiendrai tête, et tout exprès j'accours !
(Froidement.)
Je ne sais pas pourquoi de ceci je me mêle,
Je ne sais même pas d'où vient cette querelle,
Et j'ai bien d'autres chats à fouetter, vraiment :
Mais de mon âge, hélas! tel est l'emportement.
(Avec force.)
Un bâton! un bâton!

ALTO, riant.

Ah! ah! la bonne tête!
Ceci devient plus drôle, et la farce est complète!
Mais, quel est à son tour ce vieux père dindon ?

VIEILLE-FRIMOUSSE.

Ah! tu veux le savoir ? Eh bien! écoute donc...
(Prenant le milieu et solennellement.) [mousse,
Trop long-temps endormi sous l'herbe et sous la
Je m'éveille et renais.. Je suis Vieille-Frimousse!

TOUS, épouvantés.

Lui!

VIEILLE-FRIMOUSSE.

Qu'on me reconnaisse à mon regard de feu!
Oui, je vis, oui, c'est moi, moi, que l'on croyait feu!

ASINUS, paraissant.

Il ment!... N'écoutez pas de pareilles sornettes!

VIEILLE-FRIMOUSSE.

Oui dà ?... Vois cette main... Mets vite tes lunettes.

ASINUS, regardant à l'aide d'un gros lorgnon.

Juste ciel! qu'ai-je vu!... le trèfle!... quel atout!

VIEILLE-FRIMOUSSE.

Eh bien ?

ASINUS.

Eh bien! je dis, et je dirai partout
Que ce vieillard âgé, qui mousse et se trémousse,
Est le fameux voleur nommé Vieille-Frimousse!

VIEILLE-FRIMOUSSE, s'appuyant sur son bâton.

Oui, c'est moi, qui me suis déguisé jusqu'ici,
Pour venir vous surprendre et vous dire ceci,
A vous, indignes fils des grands voleurs, vos pères:
Ils étaient des boas; vous êtes des vipères !
Quand nous sortions le soir pour nous mettre à [l'affût
Auprès d'une maison, si haute qu'elle fût,
Jusqu'au cinquième étage ou dressait une échelle;
Pendant que sur nos fronts coulait l'eau de vais- [selle,
Nous montions à l'assaut comme des écureuils,
Nous enlevions tapis, chaises, divans, fauteuils,
Pendules et chenets... Dans les cas de surprise,
Nous tombions bravement sur la patrouille grise!
Vous, pillards et gouapeurs, vous faites le mou- [choir,

D'un changeur, en tremblant, vous flairez le comp-
[toir,
D'un bonnetier distrait chipez les bas de laine,
Et cultivez le vol dit à l'américaine ;
Puis, vous vous esquivez, honteux, à pas de loups !..
Nous étions des voleurs, vous êtes des filoux !
Et vous avez tous cru, canailles sans pareilles,
Que je ne viendrais pas vous tirer les oreilles !....
Le vieux loup, à la fin, fait la queue aux renards,
Et le coq vient s'abattre au milieu des canards !
        ASINUS, éclatant à son tour.
                (A tous.)
Ah ! je te tiens enfin !... Empêchez qu'il ne sorte,
Barrez-lui le passage et fermez bien la porte !
Il est seul contre vingt : enfans, pour le châtier,
C'est l'instant, le moment... courez jusqu'au chan-
[tier,
Et là, dans cet amas de bois de chêne et d'orme,
Choisissez une bûche épouvantable, énorme,
Une bûche qui soit trois fois de ma grosseur,
Pour m'en faire un gourdin digne d'un tel voleur !
        VIEILLE-FRIMOUSSE.
Quel braillard !... il fait plus de bruit que de be-
[sogne.
            ASINUS.
Ah ! tu crois ça, vieux gueux ?... tu vas sentir ma
[poigne.
(Il se dispose à lui donner des coups de poing.)
        JOB, qui vient d'entrer.
Ah ! ah ! j'arrive à temps !... A bas, à bas les mains!

Jeux de mains, de mon temps, étaient jeux de vi-
    (A tous.)   [lains.
Vous tous qui m'entendez, c'est moi qui vous y
                                    [somme,
A genoux, tout le long, tout le long de cet homme !
Le premier, à vos yeux, je subis cet affront,
Et jusqu'à ses vieux pieds j'incline mon vieux front.
Je le hais !... mais je veux un chef pour notre
                                    [bande,
Un maître pour le vol et pour la contrebande.
    (A Vieille-Frimousse.)
Excusez le moutard, il n'a que cent sept ans :
Il faut bien pardonner quelque chose aux enfans.
    (Haut.)
Mes fils, aux rats-de-cave ôtez leurs nez postiches,
Et revêtez-vous-en.
            ASINUS.
            Nous serions trop godiches !
        JOB, majestueusement.
Jamais à mon devoir, pour ma part, je ne faux :
A mon nez sans défaut que l'on mette un nez faux !
(Job, Asinus, Alto et les autres prennent et mettent
            les faux nez des gabeloux.)
VIEILLE-FRIMOUSSE, s'approchant et retirant le faux
            nez de Job.
Tu vois, je suis gentil... de l'étui qui le serre,
Je délivre ton pif : car il m'est nécessaire.
    (Bas.)
J'ai besoin de te voir dans un endroit très noir :
Tu m'attendras aux lieux où tu vas chaque soir.

ACTE TROISIÈME.

Une cave. Une petite table, sur laquelle se trouve une chandelle au bout d'une bouteille.

SCÈNE I.

JOB seul, se promenant de long en large et marmot-
tant des sons inarticulés.

Tra la la, la la la, tra la la, la la la,
Tra la la, la la la, tra la la, la la la,   (bis.)
(Puis, s'approchant de la rampe, et confidentiellement,
            au public.)
De ce long monologue, où pourtant je m'escrime,
On n'entend pas un mot, un vers, même une rime.
De la pièce, au foyer, des groupes mécontens
Se disent les défauts : cela prend bien du temps.
Qu rentre... je grossis ma vieille voix, que couvre
Le bruit fort embêtant des loges que l'on ouvre.
Vains efforts !... c'est égal, claquez à tour de bras,
Le plus beau de la pièce est ce qu'on n'entend pas.
        COINAVIEURA, dans la coulisse.
Vieux gredin !
            JOB.
        Qui va là ?

        COINAVIEURA, de même.
            Vieux gredin !
            JOB.
                On m'appelle !
J'ai peur ! je suis tout seul avec une chandelle !
Mais bah ! pourquoi trembler ? pourquoi craindre ?
                                    [pourquoi
Laisser glacer mon cœur d'épouvante et d'effroi ?
Parce que j'ai tué mon frère ?... une misère !
Eh ! qui n'a pas tué soit son père ou sa mère ?
Eh ! qui n'a pas commis quelque petit péché ?
Personne n'est parfait. Celui qui s'est caché
Sous les arceaux moisis de ces corridors sombres,
Où les chauves-souris passent comme des ombres,
Celui-là doit savoir qui je suis...
        COINAVIEURA, de même.
            Vieux gredin !
            JOB.
Ce prénom peu flatteur me jugule à la fin !
Quelqu'un me connaît donc dans ce lieu funéraire?

SCÈNE II.

COINAVIEURA, JOB.

COINAVIEURA, un bougeoir à la main.
Vieux gredin ! vieux gredin ! qu'as-tu fait de ton
[frère ?
JOB.
Hélas ! je le *tua* dans l'endroit que voici.
COINAVIEURA.
Oui, mais lorsqu'il est mort, était-il seul ici ?
JOB.
Lorsque je l'envoyai retrouver ses ancêtres,
Près d'un gentil minois le gueux traînait ses guê-
Et ce gentil minois, je l'aimais.   [tres ;
COINAVIEURA.
Tu l'aimais ?
JOB.
Oui... mais je l'ai surpris qui me faisait des traits.
Gertrude et Donatout s'adoraient en cachette ;
Ils se prenaient les mains, s'embrassaient en pin-
[cette.
Un soir, ces deux amans, qui m'entendaient ron-
Dans cet endroit secret vinrent se cajoler... [fler,
Mais moi, je les suivis, pas à pas, sans lumière,
Comme un barbet suivrait son maître, par derrière,
Et j'arrivai tout juste, hélas ! trop convaincu,
Au moment où tous deux ils me faisaient...
COINAVIEURA.
Connu !
JOB.
A cet affreux tableau, la fureur me transporte ;
Je deviens à l'instant rouge comme un cloporte,
Et prenant par le cou l'autre, ainsi un lapin,
Je lui fais à l'instant passer le goût du pain.
Puis, cédant au transport que la rage fait naître,
Je le fis, d'un seul bond, sauter par la fenêtre !
COINAVIEURA.
Et Gertrude ?
JOB.
Gertrude allait tomber sur moi,
Elle allait me livrer au procureur du roi...
Mais moi, qui n'aime pas hanter les cours..d'assises,
Je la fis embarquer pour les îles Marquises.
J'ignore quel destin depuis eut sa vertu.
COINAVIEURA.
Je te le dirai, moi.
JOB.
Comment le saurais-tu ?
COINAVIEURA.
Jadis, dans mon village, on m'appelait Gertrude :
De ce nom on a fait Coinavieura.
JOB.
C'est rude !
COINAVIEURA.
Je ne suis pas allée aux îles que tu dis :
Pourtant j'ai voyagé, j'ai vu bien des pays,
Sur lesquels j'ai, je crois, des notions très nettes...

Bicêtre, tout d'abord ; puis, les Madelonnettes ;
Je visitai Melun, le dépôt de Clairvaux,
Où tous les condamnés pleurent comme des veaux ;
Je revins à Paris jouer de la guitare
Sur les barreaux croisés des murs de St-Lazare.
Et lorsque j'eus tout vu, quand j'eus tout visité,
Quand j'eus payé ma dette à la société,
Il me poussa soudain des désirs de vengeance,
Et je vins sous ces murs traîner mon indigence,
Nourrissant un projet conçu sous d'autres cieux ;
Car, si tu t'en souviens, tu m'avais dit, mon vieux ;
Rebiffe-toi !
JOB.
Sans doute.
COINAVIEURA.
Eh bien ! je me rebiffe !
JOB.
Tu dis ?
COINAVIEURA.
Assez long-temps je tremblai sous ta griffe :
A ton tour maintenant de trembler sous ma main !
JOB, lui prenant la main.
Elle est sèche et ridée ainsi qu'un parchemin.
COINAVIEURA.
N'importe !... écoute... Un fils égayait ta vieillesse,
Il était le doux fruit d'une amère tendresse.
JOB.
Je l'aimais bien !... Hélas ! il me fut enlevé !
COINAVIEURA
Tu vas savoir comment. Un jour, je le trouvai
A Montmartre, ici près, jouant à la pigoche.
Je le pris par les reins et le mis dans ma poche.
JOB.
Mon fils ?
COINAVIEURA.
Je le nourris, le chauffai, l'entretins,
Jusqu'à ce que vingt ans par lui furent atteints.
Alors je l'envoyai, sous le nom très cocasse
De Gobelair...
JOB.
Eh quoi ! dis-le moi sans grimace,
Gobelair est ce fils que j'ai tant regretté ?
COINAVIEURA.
Oui, mon coco, c'est lui ; mais tu n'as pas compté
Que, sans condition, moi, j'irais te le rendre ?
JOB.
Ah ! rends, ah ! rends de grâce, ah ! rends... un fils
COINAVIEURA.   [si tendre
Du tout ! Ton fils, mon cher, très fort sur le bâton,
Sur la canne, l'épée et surtout le chausson,
Va venir te donner une affreuse volée,
Qu'entre nous, mon garçon, tu n'auras pas volée.
JOB.
Mon fils ! il me battrait ? c'est une atrocité !
COINAVIEURA.
Parbleu ! c'est pour cela que je l'ai filouté.
Tu comprends ? je voulais une bonne vengeance.
Je me suis dit : Prenons le fils dans son enfance,
Développons chez lui les talens les plus grands,

ACTE III, SCÈNE III.

Et puis, renvoyons-le près de ses chers parens,
Sans qu'il en sache rien.
JOB.
Mais de toi je me fiche :
De tout dire à mon fils je ne serai pas chiche.
Il saura qu'il est un de mes nombreux enfans.
COINAVIEURA.
De lui dire cela, morbleu ! je te défends !
J'ai pour gage vivant de ton obéissance
L'amante de ton fils : Si tu n'as pas ta danse,
Raisina meurt. J'ai mis, avec un certain chic,
Dans l'eau qu'elle boira trois cornets d'arsenic.
JOB.
Cette position est des plus embêtantes,
Et vous me dites là des choses révoltantes.
Mais, voyons, Gobelair sait-il qu'il frappera
Son père ? Allons, voyons, dis-moi, Coinavieura,
Le sait-il ?
COINAVIEURA.
Non.
JOB.
Merci ! merci ! je te rends grâce !
COINAVIEURA.
Tiens, prends ce torchon noir pour te voiler la face.
(Elle sort.)

ooooooooooooooooooooooooooooooooooooooo

SCÈNE III.

JOB, GOBELAIR.

GOBELAIR, entrant dans l'ombre.
Mon guide m'a quitté, je me serai perdu :
Si je sais où je suis, je veux être pendu.
(Il se cogne.)
JOB.
Casse-cou !
GOBELAIR, se frottant.
C'est trop tard... (Descendant.)
C'est à peine si j'ose...
Mais quel est, dans ce coin, ce tas de quelque chose ?
Une tête, une jambe, un grand bras, un genou...
C'est un homme, je crois... Nous allons voir... Cou-
JOB, se montrant.   [cou !
Ah ! Je voilà.
GOBELAIR.
C'est vous !
JOB.
Qu'est-ce que tu viens faire ?
GOBELAIR.
Ah ! ne m'en parlez pas ; une vilaine affaire :
Une pile à donner, un homme à démolir.
JOB.
Si cet homme était moi ?
GOBELAIR
Grand Dieu !
JOB.
Pourquoi pâlir ?

Oui, cet homme, c'est moi.
GOBELAIR.
Ce vieillard extravague,
Je cherche un Fiasco.
JOB.
C'est moi.
GOBELAIR.
C'est une blague !
Vous, un Fiasco, vous, un Fiasco ? jamais !
JOB.
Je suis le Fiasco du Théâtre-Français.
GOBELAIR.
Ah ! s'il en est ainsi, tu n'es pas à la noce :
Il faut que je te donne une roulée atroce.
JOB.
Cela m'arrange fort et ce sera parfait.
COINAVIEURA, passant sa tête.
Quand ce sera fini, vous crierez : Fait, ah ! fait !
GOBELAIR.
Vous m'embêtez !
JOB.
J'attends... frappe, extermine, assomme !
(A part.)   [homme !
C'est si doux de mourir, quand on a son jeune
GOBELAIR, tout à coup.
Ah ! sapristi ! je fais une réflexion !
Si vous étiez mon père ?...
JOB, le pressant dans ses bras.
Ah ! quelle invention !
Non, tu ne penses pas ce que tu dis, j'espère.
Ton père, cornichon ! Où cherche-t-il son père ?
Moi, je serais ton père ! Ah ! perds cet espoir, perds
La crainte de trouver un père aussi pervers.
GOBELAIR.
Mais vous m'avez parlé d'un fils...
JOB.
Ah ! tu me brises !
Un jour, je l'oubliai dans les îles Marquises :
C'est à la croque-au-sel qu'il fut mangé la nuit.
Je ne l'avais pas cru... j'accours... il était cuit !
Frappe ! je veux mourir... à tes pas je m'attache...
GOBELAIR.
Si vous voulez, je vais vous prêter mon eustache ?
JOB.
Ma foi, non ; j'aurais peur de me faire du mal.
GOBELAIR.
Il veut et ne veut plus ! quel vilain animal !
JOB.
Frappe !
GOBELAIR.
Non ! près de vous, moi, je sens quelque chose.
JOB.
Il sent, dit-il ?...
GOBELAIR.
Je sens.
JOB.
Je n'en suis pas la cause.
COINAVIEURA, passant sa tête.
Tu n'as plus qu'un quart d'heure...

GOBELAIR.

Ah ! c'est trop peu d'instans !
(A Job.)
Il faut que je t'assomme !

SCÈNE IV.

LES MÊMES, VIEILLE-FRIMOUSSE.

VIEILLE-FRIMOUSSE, entrant.

Ah ! ah ! j'arrive à temps !
Je viens pour terminer ces débats inutiles :
Car il est temps enfin de mettre un terme au piles.
Frère, tu m'as cru mort... pour vous mettre d'ac-
Petit bonhomme mort, Dieu merci, vit encor. [cord,

JOB.

Allons, embrassons-nous, frère, et que ça finisse !

SCÈNE V.

LES MÊMES, RAISINA.

RAISINA, accourant très gaie.

D'un poulet au cresson j'ai dévoré la cuisse.
Deux fois morte, deux fois je renais !

GOBELAIR.

C'est piquant.

RAISINA.

J'éprouve le besoin de danser le cancan.
(Elle danse avec Gobelair.)

COINAVIEURA, un cruchon à la main.

J'ai juré de mourir au bout de ma carrière :
Cette bière m'attend et j'avale ma bière.
(Elle porte le cruchon à sa bouche. — Rentrée générale.)

CHOEUR.

AIR des Burgraves.

A la gaîté qu'on obéisse,
Plus de poignards, plus de poisons !
Que tout finisse
Par des chansons.

VIEILLE-FRIMOUSSE, changeant de ton.

Cette pièce a pour but de montrer à vos yeux
Qu'avec idolâtrie il faut aimer les vieux.
Rien n'est beau que le vieux, le vieux seul est ai-

JOB. [mable !

Assez !... Un tel propos, entre nous, est blâmable.
N'avons-nous point agi comme des mécréans ?
Devions-nous, faibles nains, attaquer les géans ?
Et devions-nous enfin, par une perfidie,
De ces grands et beaux vers tenter la parodie ?

VIEILLE-FRIMOUSSE.

Et pourtant nul de nous, certes, ne s'en repent :
Si nous avons ici, semblables au serpent,
Brisé toutes nos dents à mordre sur la lime,
Si nous avons cherché les miettes d'un succès,
C'est que le ridicule est tout près du sublime,
Et le Palais-Royal du Théâtre-Français !

REPRISE DU CHOEUR.

A la gaîté qu'on obéisse, etc.

FIN DE LES HURES-GRAVES.

PARIS. — BOULÉ et Cᵉ, imprimeurs, 3, rue Coq-Héron.

www.ingramcontent.com/pod-product-compliance
Lightning Source LLC
Chambersburg PA
CBHW061623040426
42450CB00010B/2633